北京市地方标准

混凝土桥面防水粘结层快速施工技术规范

DB 11/T 1680—2019

主编单位：北京市政路桥建材集团有限公司
　　　　　北京市政路桥正达道路科技有限公司
　　　　　北京特希达交通勘察设计院有限公司
　　　　　北京市城市道路养护管理中心
　　　　　北京市政路桥管理养护集团有限公司
　　　　　北京京投交通发展有限公司
　　　　　北京市政路桥股份有限公司
　　　　　中国公路学会
　　　　　唐山市交通运输局
　　　　　北京城建北方集团有限公司
　　　　　北京国际建设集团有限公司
　　　　　北京城建亚太建设集团有限公司
批准部门：北京市市场监督管理局
实施日期：2020 年 07 月 01 日

人民交通出版社股份有限公司
北　京

图书在版编目(CIP)数据

混凝土桥面防水粘结层快速施工技术规范/北京市政路桥建材集团有限公司主编. — 北京：人民交通出版社股份有限公司, 2020.7
ISBN 978-7-114-16697-6

Ⅰ.①混… Ⅱ.①北… Ⅲ.①桥面板—防水层—工程施工—技术规范 Ⅳ.①U443.32-65

中国版本图书馆 CIP 数据核字(2020)第 120045 号

Hunningtu Qiaomian Fangshui Zhanjieceng Kuaisu Shigong Jishu Guifan

书　　名：	混凝土桥面防水粘结层快速施工技术规范
著 作 者：	北京市政路桥建材集团有限公司
	北京市政路桥正达道路科技有限公司
	北京特希达交通勘察设计院有限公司
	北京市城市道路养护管理中心
	北京市政路桥管理养护集团有限公司
	北京京投交通发展有限公司
	北京市政路桥股份有限公司
	中国公路学会
	唐山市交通运输局
	北京城建北方集团有限公司
	北京国际建设集团有限公司
	北京城建亚太建设集团有限公司
责任编辑：	李　瑞
责任校对：	孙国靖　龙　雪
责任印制：	刘高彤
出版发行：	人民交通出版社股份有限公司
地　　址：	(100011)北京市朝阳区安定门外外馆斜街 3 号
网　　址：	http://www.ccpcl.com.cn
销售电话：	(010)59757973
总 经 销：	人民交通出版社股份有限公司发行部
经　　销：	各地新华书店
印　　刷：	北京市密东印刷有限公司
开　　本：	880×1230　1/16
印　　张：	0.75
字　　数：	21 千
版　　次：	2020 年 7 月　第 1 版
印　　次：	2020 年 7 月　第 1 次印刷
书　　号：	ISBN 978-7-114-16697-6
定　　价：	25.00 元

(有印刷、装订质量问题的图书由本公司负责调换)

DB 11/T 1680—2019

目　次

前言 II
1 范围 1
2 规范性引用文件 1
3 术语和定义 1
4 原材料要求 1
5 组合结构技术要求 3
6 施工 3
7 施工质量控制 5

I

前　言

本标准按照GB/T 1.1—2009给出的规则起草。

本标准由北京市交通委员会提出并归口。

本标准由北京市交通委员会组织实施。

本标准起草单位：北京市政路桥建材集团有限公司、北京市政路桥正达道路科技有限公司、北京特希达交通勘察设计院有限公司、北京市城市道路养护管理中心、北京市政路桥管理养护集团有限公司、北京京投交通发展有限公司、北京市政路桥股份有限公司、中国公路学会、唐山市交通运输局、北京城建北方集团有限公司、北京国际建设集团有限公司、北京城建亚泰建设集团有限公司。

本标准主要起草人员：杨炎生、杨丽英、蔡硕果、李振、王真、俞宏熙、张爱军、王瑞升、段文志、王超、皮海涛、葛惠娟、张彦铎、朱利勇、曾涛、柳浩、程小纯、程根源、关爱博、刘文明、连超、吕嘉、谢永清、布海玲、李宁、崔巍、王昱、刘晓晨、王忠云、张西成。

混凝土桥面防水粘结层快速施工技术规范

1 范围

本标准规定了快速施工的混凝土桥面防水粘结层原材料要求、组合结构技术要求、施工和施工质量控制等内容。

本标准适用于混凝土桥面的新建、改扩建及维修养护工程，其他工程可参照使用。

2 规范性引用文件

下列文件对于本标准的应用是必不可少的。凡是注日期的引用文件，仅注日期的版本适用于本文件。凡是不注日期的引用文件，其最新版本（包括所有的修改单）适用于本文件。

GB/T 16777　建筑防水涂料试验方法
GB/T 18369　玻璃纤维无捻粗纱
CJJ 139　城市桥梁桥面防水工程技术规程
JC/T 975　道桥用防水涂料
JT/T 798　公路工程　废胎胶粉橡胶沥青
JTG E20　公路工程沥青及沥青混合料试验规程
JTG E42　公路工程集料试验规程

3 术语和定义

下列术语和定义适用于本文件。

3.1

桥面防水粘结层 waterproof-bonding layer of bridge deck

设置于基层与沥青混凝土面层之间，起界面联结和阻止水分渗入桥梁结构作用的层位，由基层处理剂、热熔橡胶沥青、纤维、热熔橡胶沥青和预拌沥青碎石组成（图1）。

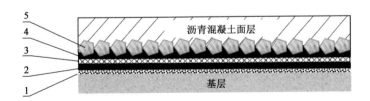

说明：
1-基层处理剂；2-热熔橡胶沥青；3-纤维；4-热熔橡胶沥青；5-预拌沥青碎石。

图1　桥面防水黏结层组成结构示意图

4 原材料要求

4.1 基层处理剂

基层处理剂宜采用改性乳化沥青，其技术要求应符合表1的规定。

表1 改性乳化沥青技术要求

指标		单位	技术要求	试验方法
表干时间		min	≤20	GB/T 16777
实干时间		min	≤40	
破乳速度		—	快裂	JTG E20
筛上剩余量(1.18mm)		%	≤0.1	
恩格拉黏度(25℃)		—	1~15	
储存稳定性(1d)		%	≤1.0	
蒸发残留物	含量	%	≥55	
	溶解度	%	≥97.5	
	软化点(R&B)	℃	≥60	
	针入度(25℃)	0.1mm	≤30	

4.2 热熔橡胶沥青

热熔橡胶沥青技术要求应符合表2的规定。

表2 热熔橡胶沥青技术要求

指标		单位	技术要求	试验方法
旋转黏度(180℃)		Pa·s	1.5~4.0	JT/T 798
软化点(R&B)		℃	≥80	JTG E20
针入度(25℃)		0.1mm	30~60	
延度(5℃)		cm	≥10	
弹性恢复		%	≥80	
薄膜烘箱试验(TFOT)后的残留物	质量变化	%	≤±0.4	
	针入度比(25℃)	%	≥60	
	延度(5℃)	cm	≥6	

4.3 纤维

纤维宜选用无碱玻璃纤维无捻粗纱,其质量应符合GB/T 18369的技术要求。

4.4 碎石

碎石母岩应选用石灰岩或玄武岩,规格应符合表3的规定,技术要求应符合表4的规定。

表 3 碎石规格

规格（mm）	通过下列筛孔（mm）的质量百分率（%）				
	19	13.2	9.5	4.75	0.075
10～15	100	90～100	0～10	—	0～1
5～10	—	100	90～100	0～10	0～1

表 4 碎石技术要求

指 标	单 位	技术要求	试验方法
压碎值	%	≤26	JTG E42
洛杉矶磨耗损失	%	≤28	
表观相对密度	—	≥2.6	
吸水率	%	≤2.0	
针片状颗粒含量	%	≤12	
水洗法＜0.075mm 颗粒含量	%	≤0.5	
软石含量	%	≤3	
坚固性	%	≤12	

5 组合结构技术要求

组合结构技术要求应符合表5的规定。

表 5 组合结构技术要求

指 标	单 位	技术要求	试验方法
剪切强度（50℃）	MPa	≥0.20	JC/T 975
粘结强度（50℃）	MPa	≥0.05	
热碾压抗渗性（0.1MPa，30min）	—	不透水	

注1：粘结强度、剪切强度试验试件应由基层、基层处理剂、热熔橡胶沥青、纤维、热熔橡胶沥青和沥青混凝土面层组成。
注2：热碾压抗渗性试验试件应由基层处理剂、热熔橡胶沥青、纤维和热熔橡胶沥青组成。

6 施工

6.1 基本要求

6.1.1 不应在雨天、雪天、风力大于4级时施工；施工环境气温不宜低于5℃，基层表面温度不宜低于0℃。

6.1.2 基层表面应平整、干燥、粗糙、洁净。基层表面的浮灰应清除干净，并不应有杂物、油类物质、有机质等。

6.1.3 新建桥梁的基层应进行抛丸处理，处理后的基层粗糙度应为0.5mm～1.0mm，按照CJJ 139中的方法检测；旧桥在铣刨完后，应进行拉毛处理。

6.2 施工准备

6.2.1 施工前应对所用材料进行调查试验，经选择确定的材料在施工过程中应保持稳定，不应随意更换。如更换材料，应重新进行试验检测且合格。

6.2.2 施工前应对各种施工设备做全面检查、调试并使其处于良好的性能状态。应有足够的机械，满足施工能力的要求，重要机械宜有备用设备。

6.2.3 施工设备在施工前应进行认真清理，将储油罐中的残油清除干净；应严格清理有关的施工机械，特别是洒布车的车轮，不应将污染物带到工作面。

6.2.4 洒布设备在施工前应进行试洒。

6.3 试验段施工

6.3.1 在正式施工前，应铺筑试验段，面积不宜小于100m²。

6.3.2 应通过试验段施工确定基层处理剂的洒布温度和洒布量、热熔橡胶沥青的洒布温度和洒布量、纤维的切割长度和撒布量、碎石规格及用量、施工车辆的速度。

6.4 基层处理

6.4.1 基层处理剂宜采用沥青洒布车喷洒，洒布车应能有效控制洒布剂量，具有加温、保温和搅拌功能，洒布速度和喷洒量应保持稳定。

6.4.2 基层处理剂洒布时应呈均匀雾状，处理剂应完全覆盖基层且不堆积，待其实干后应及时进行下一道工序施工。

6.4.3 喷洒基层处理剂前，应采用毛刷对桥面排水口、转角等处先行涂刷处理剂。

6.4.4 基层处理剂的喷洒量应为0.4kg/m²～0.6kg/m²，喷洒温度不宜低于70℃。

6.5 "热熔橡胶沥青+纤维+热熔橡胶沥青+碎石"同步施工

6.5.1 组成结构的四层材料"热熔橡胶沥青+纤维+热熔橡胶沥青+碎石"应采用专用设备进行同步施工，洒布温度、速度、用量应保持稳定。

6.5.2 热熔橡胶沥青洒布量为2.4kg/m²～2.8kg/m²，洒布温度为180℃～200℃。

6.5.3 纤维现场切割，长度为1.5cm～6cm，撒布量应不小于300g/m²。

6.5.4 碎石要求干燥、洁净，必须经过拌合楼除尘加热并用热沥青（油石比0.3%～0.5%）预拌，预拌用的热沥青宜采用70号A级或90号A级沥青，预拌碎石温度应达到150℃以上，洒布温度应不低于80℃，预拌碎石撒布覆盖率宜为(85±5)%。

6.5.5 在碎石撒布施工中，应注意洒布车的起动阶段和纵横向的交接位置，不应出现撒布重叠和漏撒现象。

6.5.6 在撒布碎石时，除了施工设备配备的操作手外，每台洒布设备应再配备1～2名工人，跟随在洒布车后，将散落在工作面之外的碎石清扫干净。

6.5.7 同步施工中应注重接缝的施工处理。在接缝位置，再次施工时既要与前次施工紧密衔接，同时也要避免与前次施工断面重叠。对于横向接缝，可在洒布前采用油毛毡等不渗透材料沿接缝边缘将已洒布的路段遮挡覆盖住，并在覆盖物上开始施工。对于纵向接缝，宜在先进行同步施工一侧暂留10cm～15cm宽度洒布沥青但不撒碎石，待另一侧进行同步施工时沿上一侧同步施工边缘撒布碎石但不洒布沥青。

6.6 碾压成型

6.6.1 "热熔橡胶沥青+纤维+热熔橡胶沥青+碎石"四层材料洒（撒）布完成后，应用15t以上胶轮压路机紧跟碾压成型，并碾压1遍~2遍。

6.6.2 碾压成型后即可进行沥青混合料的摊铺，未摊铺路段应封闭交通，避免防水粘结层的二次污染；碾压成型后宜在24h内完成沥青混合料的摊铺。

7 施工质量控制

7.1 原材料质量控制

7.1.1 施工前应对原材料和组合结构进行检测，并符合第4章和第5章的相关要求。当材料来源或规格发生变化时，应重新进行检测。

7.1.2 施工过程中应按表6规定的项目与频率进行检查。

表6 原材料检查项目与频率

材料类型	检查项目	检查频率
碎石	外观（石料品种、含泥量等）	每500t检测1次，不足500t按500t计
	针片状颗粒含量	
	水洗法<0.075mm颗粒含量	
	颗粒组成（筛分）	
	软石含量	
	吸水率	必要时
	表观相对密度	
	压碎值	
	洛杉矶磨耗损失	
热熔橡胶沥青	旋转黏度（180℃）	每50t检测1次，不足50t按50t计
	针入度	
	软化点	
	延度（5℃）	
	老化性能	
	弹性恢复	必要时
改性乳化沥青	蒸发残留物含量	每50t检测1次，不足50t按50t计
	蒸发残留物针入度	
	蒸发残留物软化点	

表 6（续）

材料类型	检查项目	检查频率
改性乳化沥青	表干时间 实干时间 破乳速度 筛上剩余量（1.18mm） 恩格拉黏度 储存稳定性（1d） 蒸发残留物溶解度	必要时

7.2 施工现场质量控制

7.2.1 施工现场质量检查的项目、质量要求或允许偏差、检测方法和检测频度应符合表7的要求。

表 7 施工现场质量控制要求

检查项目		质量要求或允许偏差	检测方法	检查频度
基层	含水率	≤10%	采用含水率检测仪（精度为0.5%）进行检测，每一测点连续读取数据三次，取平均值	三个测点/台班
基层	平整度	≤5mm	3m直尺、游标卡尺：两侧最大间隙。顺桥向、横桥向各量测一次，取大值	三个测点/台班
基层	外观	表面应密实、平整。 裂缝宽度小于设计规范的有关规定。 表面应清洁、干燥，局部潮湿面积应进行烘干处理	全桥目测	随时
基层处理剂	洒布量	精度控制为0.2kg/m²	选择一横断面，在四等分点处放置三个面积不小于0.4m×0.4m的托盘，待基层处理剂洒布后称其增加的质量，再计算单位面积的洒布量，三个样本的平均值即为一次基层处理剂的检测结果	一次/台班
基层处理剂	外观	不露底、不堆积	全桥目测	随时

表7（续）

检查项目		质量要求或允许偏差	检测方法	检查频度
基层处理剂	与基层粘结强度（表面温度）	≥0.45MPa(10℃) ≥0.40MPa(20℃) ≥0.35MPa(30℃) ≥0.30MPa(40℃) ≥0.25MPa(50℃)	CJJ 139	5000m² 以下 2 个测点；5000m²~10000m² 之间 3 个测点；10000m² 以上 5 个测点
同步施工	外观	不应有漏洒、气泡、空鼓和翘边。防水粘结层和雨水口、伸缩缝、缘石衔接处应密封	全桥目测	随时
	纤维撒布量	300g/m² ± 10 g/m²	选择一横断面，在三等分点处放置两块 1m×1m 的塑料布，洒布车单独撒布纤维，然后称其增加的质量，再计算单位面积的撒布量，两个样本的平均值即为一次纤维撒布量的检测结果	一次/台班
	纤维长度	误差不大于试验段确定值的10%	15cm 钢尺；量测纤维长度	一次/台班
	热熔橡胶沥青洒布量	2.6kg/m² ± 0.2kg/m²	选择一横断面，在四等分点处放置三个面积不小于 0.4m×0.4m 的托盘，待"热熔橡胶沥青+纤维+热熔橡胶沥青"洒（撒）布后称其增加的质量，再计算单位面积的洒布量，三个样本的平均值减去纤维的撒布量为一次热熔橡胶沥青洒布量的检测结果	一次/台班
	碎石覆盖率	(85±5)%	全桥目测	随时
"热熔橡胶沥青+纤维+热熔橡胶沥青+碎石"四层材料与基层处理剂的粘结强度（表面温度）		≥0.40MPa(10℃) ≥0.35MPa(20℃) ≥0.30MPa(30℃) ≥0.25MPa(40℃) ≥0.20MPa(50℃)	CJJ 139	5000m² 以下 2 个测点；5000m²~10000m² 之间 3 个测点；10000m² 以上 5 个测点
注：新建桥梁应在试验段铺筑阶段进行粘结强度现场检测，不允许在施工阶段进行。				

7.2.2 施工单位在施工过程中应对施工质量进行自检，当发现质量异常时，应立即追加检查。